AF457728

MÉMOIRE

FORMANT

PRÉCIS HISTORIQUE

DE LA QUESTION

DE LA RÉDUCTION DES DROITS

A L'IMPORTATION

DU POISSON DE PÊCHE ÉTRANGÈRE.

Quand un fait important est accompli, l'opinion publique s'en empare, l'étudie, le commente, le fouille pour ainsi dire dans ses arcanes, et, après avoir compris les effets qui doivent en découler, elle cherche à remonter jusqu'à la cause pour pouvoir ensuite juger en pleine connaissance, applaudir ou condamner.

Emanation du sentiment général; élevant sa juridiction au-dessus de toutes les juridictions et de tous les pouvoirs; loyale par la nature même de son essence, l'opinion publique se tromperait rarement dans ses appréciations si, abandonnée à elle-même, elle pouvait toujours suivre ses propres impulsions et les inspirations de son propre jugement.

Mais dans toutes les circonstances un peu graves, et alors surtout que certaines individualités peuvent se voir compromises, il se trouve toujours des personnes dévouées, qui ont pour talent et pour mission de détourner l'attention pour la faire dévier du principal sur l'accessoire; de semer des insinuations plus ou moins directes; d'assombrir les lueurs qui pourraient éclairer la vérité; de supposer des responsabilités factices pour écarter les responsabilités réelles, et de jeter les accusations sur ceux-là mêmes qui devraient être les accusateurs.

C'est ainsi qu'à l'aide d'un certain nombre d'émissaires, dont les uns savent pertinemment le but des instructions qu'ils suivent, dont les autres ne se doutent même pas du rôle qu'on leur fait jouer, et qu'ils jouent souvent de bonne foi ; c'est ainsi qu'en faisant mouvoir adroitement les petites influences, en exploitant les petites jalousies, les petits instincts, les petites ambitions, les petites rivalités, voire même les petites haines personnelles, en un mot, tous les sentiments mesquins dont on peut tirer parti, on arrive quelquefois à égarer l'opinion publique jusqu'au moment où la vérité se fait jour et déborde, pour dévoiler les uns, et démontrer aux autres qu'ils n'étaient que des instruments dont une main habile savait faire jouer tous les ressorts.

Cet aperçu des faits ordinaires, cette espèce d'examen de la conscience publique, vrais dans la plupart des circonstances de la vie d'une ville, l'ont été d'une manière toute spéciale dans le cas particulier qui donne lieu à ce mémoire, puisque ceux qui ont personnellement et de leur propre mouvement ouvert des propositions dont les résultats peuvent amener la ruine ou au moins la décadence d'une des industries les plus productives et les plus avantageuses à la cité, ont ensuite employé tous les moyens indiqués plus haut pour rejeter la responsabilité de leurs actes sur les hommes qui avaient lutté avec le plus d'énergie contre des tendances aussi contraires aux intérêts de la localité.

La rectification des faits est donc devenue une nécessité impérieuse et urgente, pour que la vérité puisse ressortir dans sa plus rigoureuse précision, pour que chacun puisse être apprécié et jugé selon ses œuvres.

Mais avant d'aborder l'historique de la question, puisque ce mémoire ne doit être qu'un document historique dont la force jaillira de l'exactitude même d'une simple narration appuyée de preuves authentiques, il est utile de donner quelques détails précis sur l'importance de l'industrie aujourd'hui gravement compromise dans son présent et menacée dans son avenir, et d'établir en même temps, à l'aide de corrélations clairement démontrées, la position réelle des armateurs de pêche naturellement appelés à défendre leurs propres intérêts fusionnés avec ceux de l'industrie qu'ils ont mission de représenter.

Complétement annulée pendant les longues guerres du premier Empire, tant à cause des dangers de la situation que par suite de la pénurie de marins, la pêche boulonnaise reprit ses armements vers 1816, et depuis 1820, époque où commencent les statistiques officielles, elle marcha de progrès en progrès pour arriver à sa position actuelle qui paraissait ne pas devoir être le dernier mot de son extension, si on lui avait continué ses priviléges; car il ne faut pas s'y méprendre, une industrie de cette nature ne peut se développer qu'avec lenteur en raison de l'accroissement gradué d'une population spéciale qui n'augmente que dans des proportions plus ou moins limitées, selon les avantages qu'on lui accorde pour, en compensation de ses dangers, de son pénible labeur et d'une législation exceptionnelle, lui assurer au moins des moyens d'existence.

A l'époque où remontent les statistiques, c'est-à-dire en 1820, la pêche ne se faisait pas comme aujourd'hui à l'aide de caravanes lointaines qui s'étendent depuis l'Ecosse jusqu'au cap d'Antifer. Pour ne parler ici que de la pêche du hareng, elle se pratiquait en vue de nos côtes, dans un rayon qui ne dépassait pas quelques milles d'étendue, parce que, pendant la saison d'automne et le commencement de celle d'hiver, le poisson, qui depuis a modifié son itinéraire, s'y trouvait en abondance suffisante.

On conçoit dès lors que, pour une pêche cotière dans toute l'acception du mot, on n'avait pas besoin de bateaux d'un fort tonnage; aussi, à l'époque indiquée, le port de Boulogne était-il déjà fier de compter une centaine de bateaux présentant en moyenne une jauge de 25 tonneaux; soit, environ 2,500 tonneaux.

C'est en 1821 seulement, que deux bateaux s'aventurèrent jusqu'aux côtes du Northumberland et donnèrent la première idée d'une pêche qui s'est développée depuis sur une vaste échelle, et qui, en raison de la distance et des frais d'armement, n'a peut-être pas produit les bénéfices que l'on croyait pouvoir en attendre, mais qui s'est maintenue parce qu'elle a eu le double avantage d'augmenter les produits et d'occuper une partie de la population maritime à une époque de l'année où la pêche dans nos parages ne peut être ni abondante ni rémunératrice.

Si on prend la période décennale qui s'est écoulée de 1820 à 1830, on constate ce résultat que la moyenne annuelle des produits a été en nature de 1,472 lasts, donnant une moyenne de 13,600 barils de harengs salés pour la consommation, et que le produit en numéraire a été de 856,600 francs par année.

Pour établir la marche progressive de cette industrie, il suffit de prendre la statistique de l'année dernière et de rapprocher les chiffres, en comparant en même temps la différence qui existe dans le nombre et le tonnage des bateaux.

Les armements du port de Boulogne pour la pêche côtière se divisent aujourd'hui comme suit :

Bateaux de 20 à 45 tonneaux donnant une moyenne de 35 tonneaux,

dont les patrons habitent Boulogne...	83
dont les patrons habitent le Portel....	35
récemment mis à flot............	18
	136
Bateaux au-dessous de 20 tonneaux dont les patrons habitent Boulogne, le Portel, Equihen................	34
Total.......	170

Soit, environ 5,200 tonneaux.

Les produits, en prenant les divers genres d'opérations qui occupent une population de 4,100 marins inscrits, doivent se diviser en trois catégories distinctes, et les résultats de l'année dernière s'établissent comme suit :

Pêche du hareng, qui se subdivise ainsi :

Pêche d'Ecosse, par 96 bateaux jaugeant 3,337 ton-

neaux et montés par 1,523 hommes, 964 lasts en 11,565 tonnes.......	621,699 fr.
Pêche d'automne et d'hiver, par 111 bateaux jaugeant 3,277 tonneaux et montés par 1,561 hommes, 4,022 lasts....................	2,461,859 fr.
Soit, en totalité, 4,986 lasts qui, indépendamment du hareng expédié comme marée fraîche, ont donné 63,651 barils de harengs salés pour la consommation, et.............	3,083,558 fr.
PÊCHE DU MAQUEREAU, qui se fait partie dans l'aval et partie sur nos côtes, et qui, n'étant soumise à aucun contrôle officiel, ne peut être qu'approximativement évaluée à un produit minimum d'environ.......	400,000 fr.
PÊCHE DE MARÉE FRAICHE, en y comprenant les pêches aux cordes et au chalut ainsi que les moules et crustacées, environ....	1,500,000 fr.
Soit, comme total général, approximatif quant aux deux dernières catégories....................	4,983,558 fr.

somme relativement énorme, qui prouve mathématiquement, d'une part, les progrès que l'industrie de la pêche a pu faire depuis seulement trente années, d'autre part l'importance locale de cette industrie, produisant annuellement quatre à cinq millions qui, frais et avaries prélevés, se répartissent sur une population de 10 à 12,000 personnes vivant directement ou indirectement du travail de la pêche, et de là rejaillissent sur la ville tout entière par les voies ordinaires de la circulation.

Ces chiffres posés pour constater le développement progressif d'une industrie trop peu étudiée et souvent trop méconnue par des personnes qui, faute de savoir combiner tous les avantages qui doivent être utilisés pour le bien-être général, dédaignent le solide en se laissant éblouir par le clinquant des apparences, et préfèrent aux ressources inhérentes au sol et à la population les éventualités factices et éphémères, il est utile de faire un rapprochement et de constater que ce chiffre, de près de cinq millions répandus dans la localité, est à peu près l'équivalent de la dépense effectuée par dix mille étrangers pendant les deux mois de la saison des bains, et que, par conséquent, la pêche concourt à la prospérité de la ville dans une proportion dont il devient facile de se faire une juste idée.

De ce simple exposé doit résulter, pour tout homme qui veut juger sainement et sans prévention, la conviction, qu'en dehors même du commerce proprement dit et des grandes pêches qui prennent chaque année de l'accroissement, le port de Boulogne, au point de vue de la pêche côtière seulement, pèse d'un poids considérable dans la balance des intérêts communs ; qu'il peut se placer avec un juste orgueil à côté de la ville de plaisance, et que toute autorité municipale qui se laisse guider par des préférences ou des antipathies personnelles et ne parvient pas à fusionner, à identifier toutes les ressources d'une cité pour les couvrir indistinctement d'une protection efficace, n'atteint pas le but de sa haute mission, manque à son mandat et ne remplit pas son devoir.

Après avoir ainsi expliqué la situation réelle de la pêche, tant dans son importance intrinsèque que dans sa corrélation avec les autres éléments de la prospérité locale, reste à montrer les rouages qui font mouvoir cette vaste industrie, et ici se place naturellement la question des armements et celle des armateurs de pêche.

Pour l'homme dont l'intelligence manque d'étendue, qui veut toujours se poser sur le piédestal imaginaire de ses prétentions personnelles, et qui n'examine jamais les choses qu'à travers le prisme de sa vanité, il suffit souvent d'un mot, foncièrement sans importance, pour soulever des récriminations envieuses, qui pourraient avoir une certaine portée si. par leur absurdité même, elles pouvaient inspirer autre chose que les sourires du dédain et de la pitié.

C'est ce qui est arrivé dès que l'on a vu surgir la dénomination d'ARMATEURS DE PÊCHE appliquée à ceux que l'on avait jusqu'alors désignés par le mot « ÉCOREURS. »

Le titre d'armateurs de pêche, dès son apparition, souleva un orage d'opposition. Pour celui surtout qui était armateur dans l'acception du mot, c'était une usurpation qui blessait l'amour-propre, parce qu'elle paraissait avoir pour tendance d'établir un niveau au-dessus duquel une susceptibilité vaniteuse prétendait se maintenir.

Il n'avait pas voulu comprendre que l'expression « ARMATEURS DE PÊCHE » était déjà une concession faite pour éviter toute confusion, et qu'au résumé, des négociants, qui sont propriétaires ou au moins copropriétaires de 15 ou 20 bateaux présentant un ensemble d'environ 5 ou 600 tonneaux, pourraient tout aussi bien se dire « ARMATEURS » que ceux qui possèdent un ou deux navires de 130 ou 140 tonneaux ; que la seule différence consiste dans le système d'armement, attendu que, d'un côté, on navigue aux appointements, tandis que, de l'autre, on opère à la part sur les produits, et que le mot « ARMATEURS DE PÊCHE, » en désignant la position d'une manière claire et précise, établit la distinction nécessaire, ne s'applique qu'à une spécialité et se trouve positivement en rapport avec les conditions de la loi ; enfin, qu'au moment où il s'agissait de fonder une institution, d'obtenir du Ministre de la marine un arrêté constitutif pour un comité officiel, on ne pouvait pas présenter le mot « ÉCOREUR, » qui n'a aucune étymologie, aucune signification, *qui n'est même pas français*, et que force fut de prendre cette dénomination « d'ARMATEURS DE PÊCHE, » qui fut adoptée dans l'arrêté ministériel et dans toutes les pièces officielles qui sont venues à la suite, et qui se trouve ainsi consacrée dans son application par le Ministre de la marine, à qui, en fait d'armements, on voudra bien sans doute accorder l'intelligence de la valeur réelle des expressions qu'il emploie.

Dès que cet armateur, si chatouilleux sur les prérogatives de son titre, fut entré dans cette voie, la logique le conduisait fatalement à en suivre la pente, et il devait forcément en venir à compléter le système de dénigrement qui commençait par la discussion d'un mot pour finir par la dénégation de la chose elle-même. C'est ainsi qu'il arriva jusqu'à discuter la profession, jusqu'à contester les services rendus, jusqu'à nier même l'existence d'une industrie qu'il voulait ravaler aux derniers degrés de l'échelle commerciale, dans la persuasion, sans doute, que plus il ferait baisser l'un des plateaux de la balance, plus il ferait monter celui sur lequel il s'était placé lui-même.

Dès lors, les armateurs de pêche, qu'il voulait débaptiser pour faire reparaître cette dénomination « d'ÉCOREURS, » à laquelle il paraît tenir essentiellement, et qu'il cherchait à annihiler pour leur ôter même le droit d'intervenir dans les questions qui concernent leur industrie, ne furent plus représentés par lui comme des négociants versant et exposant des sommes considérables dans l'industrie de la pêche, mais comme de simples commis recevant en salaire un prélèvement de 5 p. 0/0 sur les produits.

S'il faut ici reconnaître la petitesse d'esprit qui se manifeste pour un mot, il est juste aussi de constater qu'en ce qui regarde le fait, il y a tentative d'une morsure qui pourrait devenir venimeuse. Ces assertions, en effet, touchent à la diffamation et effleurent la calomnie, puisqu'elles tendent à faire croire que, sans faire aucune opération commerciale et aléatoire, par cela seul qu'ils vendent le poisson et le soldent au marin, en conservant seulement la charge du ducroire, les armateurs de pêche imposent à leur profit le prélèvement d'une somme considérable ; ce qui constituerait, dans toute l'acception du terme, une exaction qui devrait tomber dans le domaine du ministère public.

Petitesse d'un côté, calomnie de l'autre, c'est au résumé un déni de justice ; et, pour le prouver, il suffira de donner un aperçu du système adopté pour les armements.

Sur les 170 bateaux qui composent la flottille de pêche au port de Boulogne, quelques-uns sont réellement la propriété des patrons ; pour les autres bateaux, les patrons n'ont en réalité qu'une propriété semi-nominale, dans ce sens que si le patron est déclaré propriétaire à cause des responsabilités légales, la propriété appartient de fait soit en grande partie, soit souvent même en presque totalité à l'armateur de pêche qui a fourni les fonds de la construction et de l'armement.

Ces avances, qui s'élèvent en moyenne de 9 à 13,000 francs par bateau, sont faites, à titre gratuit et sans aucun intérêt, par l'armateur de pêche, et sont remboursées au fur et à mesure à l'aide des parts revenant au bateau.

A ces premières avances s'en joignent d'autres qui sont faites dans les mêmes conditions de gratuité et qui sont encore plus aléatoires, puisqu'elles ne reposent sur aucune espèce de garanties : ce sont celles qui sont faites, aux risques et périls de l'armateur de pêche, aux hommes de l'équipage, et qui s'élèvent en moyenne annuelle à 300 francs par marins, remboursables sur les produits éventuels de la pêche, avances totalement perdues si le bateau ne réussit pas, si le matelot vient à mourir ou s'il est appelé au service de l'Etat.

La position ainsi posée quant aux armements, position qui constate que, dans aucun cas, les autres industriels n'agissent avec une semblable libéralité, reste à voir ce qui résulte des produits de la pêche.

Arrivé au port, le poisson est vendu aux enchères publiques, encore aux risques de l'armateur de pêche, qui conserve à sa charge toute la responsabilité du ducroire, et qui alors, pour se couvrir de l'intérêt de ses avances, de ses chances commerciales et de ses frais généraux, perçoit un prélèvement de 5 p. 0/0 sur la vente des produits.

Pour se rendre un compte exact de la situation réciproque et des rapports d'intérêts entre le marin et l'armateur de pêche, il suffit de supposer à un bateau un produit brut de 30,000 francs par an à diviser en 20 parts, et on verra que, si la part brute du marin se trouve de 1,500 francs, les 1,500 francs qui reviennent à l'armateur de pêche, malgré les chances de pertes qu'il court et qu'il doit supporter seul, ne constituent au résumé que l'équivalent de la part d'un simple matelot.

De cet exposé rapide résulte pour quiconque sait calculer la preuve évidente, — d'une part, que la question des armements pour la pêche côtière n'a pas été convenablement étudiée, et qu'elle a été mal interprétée par les personnes qui se plaisent à émettre des suppositions malveillantes sur les armateurs de pêche dont on voudrait contester les services, et que l'on cherche à représenter comme se livrant à des exactions ruineuses pour la population maritime ; — d'autre part, que, par le seul fait des capitaux considérables engagés par eux dans l'industrie ; et par suite de la fusion de leurs intérêts avec ceux des patrons et des équipages, comme aussi par leur propriété, ou tout au moins leur co propriété dans la presque totalité des embarcations, les armateurs de pêche sont plus que qui que ce soit aptes à étudier, comprendre et développer les besoins de la pêche, et qu'au point de vue commercial, ils sont les seuls représentants d'une industrie qui elle-même représente un matériel d'exploitation d'environ trois millions et un capital roulant d'à peu près cinq millions.

C'est en vertu de ces titres incontestables qu'en agissant soit officieusement comme corporation, soit officiellement comme Comité légalement constitué, les armateurs de pêche sont toujours intervenus dans les questions qui intéressent leur industrie identifiée à celle de la population maritime; c'est en vertu de ces titres encore qu'ils continuent la lutte engagée depuis déjà fort longtemps avec la Chambre de commerce, et principalement avec M. J. Lebeau, l'un de ses membres, à propos de l'importation du poisson de pêche étrangère.

Pour suivre dans toutes ses phases cette question de la réduction des droits, il faut se reporter à l'année 1856, époque à laquelle elle commença à prendre une certaine consistance ; époque aussi à laquelle se fonda le Comité, parce que, comprenant le danger qui planait sur leur industrie et menaçait la population maritime tout entière, les armateurs de pêche sentirent la nécessité de concentrer leurs efforts, et ne reculèrent devant aucun sacrifice personnel pour avoir en mains les armes qui allaient leur devenir indispensables dans une lutte dont on ne pouvait prévoir ni les péripéties, ni la conclusion.

La Société d'agriculture de Valenciennes avait demandé l'introduction du POISSON FRAIS de Belgique, en sollicitant soit l'abolition, soit la réduction des droits protecteurs, et, bien qu'il ne s'agît encore que de la marée fraîche, cette demande avait vivement préoccupé les ministères de la marine, du commerce et des finances.

Emanant d'une Société d'agriculture qui n'avait pas même à s'inquiéter des intérêts commerciaux; sortant d'une ville d'intérieur qui n'avait rien de commun avec la pêche, et qui eût peut-être procédé avec plus de circonspection s'il s'était agi des dentelles de Malines et de Bruxelles, qui lui font concurrence, cette proposition pouvait néanmoins se comprendre, parce qu'en laissant de côté toutes les hautes questions qu'elle portait en germe, elle n'était présentée qu'au point de vue d'une économie alimentaire.

Restera bientôt à voir si la question devait être examinée de la même manière, quand elle s'est présentée devant une Chambre de commerce appelée à représenter le port de pêche le plus important, et comme armements et comme population maritime.

Mis en demeure par la demande de Valenciennes, les Ministres de la marine, du commerce et des finances s'étaient entendus pour étudier la proposition, et, à la suite d'une lettre explicative et concluante de M. le chef du service de la marine, à Dunkerque, M. le Ministre de la marine adressait à ce fonctionnaire une dépêche, en date du 29 juillet 1856, dans laquelle on trouve la décision suivante :

« Les nouvelles informations que contient cette lettre « corroborent l'avis exprimé à plusieurs reprises sur « cette matière, dans la correspondance que j'ai entrete- « nue avec mes deux collègues, pour faire écarter la « demande de la Société d'agriculture de Valenciennes.

« Je ne doute pas qu'elles n'eussent exercé une grande « influence sur MM. Magne et Rouher, si déjà Leurs « Excellences ne s'étaient déterminées à renoncer au « projet de réduction du droit d'entrée des produits de la « pêche étrangère.

« La dépêche par laquelle M. Rouher m'a donné avis « de l'abandon de ce projet porte la date du 11 juillet « courant.

« C'est avec un sentiment de vive satisfaction que je

« vous annonce le parti qu'ont enfin pris MM. les Minis-
« tres des finances et du commerce, de maintenir la taxe « de 44 francs sur le poisson frais de pêche étrangère. « Ce résultat est un fait important, et je me plais à « reconnaître que vous y avez contribué personnellement « de tous vos efforts, par les utiles renseignements que « vous m'avez plusieurs fois fournis. »

C'est en ces termes que s'exprimait l'amiral Hamelin, le Ministre de la marine. A ses yeux, l'abandon du projet de Valenciennes était un succès et un bonheur. La question, mûrement étudiée, était enfin jugée par le Ministre du commerce, qui, dans sa haute sagesse, venait de repousser la demande, et c'était pour le port de Boulogne tout un avenir de sécurité. Mais la Chambre de commerce, n'acceptant pas une décision qui contrariait ses vues et ses tendances, ou plutôt les vues et les tendances de ses principaux meneurs, transmit la dépêche au Comité, le 5 août, avec une lettre dans laquelle se trouve le passage suivant :

« Mais en vous transmettant cette bonne nouvelle, il « est de notre devoir de vous faire remarquer que le « régime actuel ne sera peut-être pas de longue durée; « que les tendances les plus légitimes de notre temps « sont en faveur de la facilité des échanges, et que notre « pêche, cette industrie si belle, mais si éloignée encore « du but qu'elle pourrait atteindre, aura tôt ou tard à « lutter contre la concurrence.

« Il faut qu'elle s'y résigne, et surtout qu'elle se pré- « pare à la lutte. »

Cette lettre était une épée à deux tranchants. C'était un reproche moralement immérité, parce que la pêche, depuis quarante ans, marchait de progrès en progrès, et avec une rapidité qui devançait même le développement de la population maritime; c'était un reproche mathématiquement injuste, puisque la pêche, qui avait produit en 1821, par la saison d'Ecosse, 11,307 fr. 50 c., et par celles d'automne et d'hiver 360,347 fr. 50 c., en totalité 371,654 francs, venait de donner, en 1855, un produit, par la saison d'Ecosse, de 485,455 fr. 94 c., et par les deux autres de 1,552,073 fr. 25 c., soit un total de 2,037,529 fr. 19 c., ce qui établissait déjà à cette époque une différence progressive de 1,665,875 fr. 19 c., qui frappait tous les regards, mais que la Chambre ne voulait pas voir, parce qu'elle voulait arriver au système qu'elle a développé plus tard.

L'autre tranchant de l'épée n'était autre chose qu'une menace : la Chambre commençait à lever son drapeau. Elle pouvait d'autant mieux prévoir que le régime protecteur ne durerait pas, qu'elle allait elle-même le saper et le battre en brèche, et les mots TENDANCES LES PLUS LÉGITIMES indiquaient d'une manière claire et positive quelle impulsion elle voulait suivre ou donner le jour où surgirait la question de la FACILITÉ DES ÉCHANGES en général, et particulièrement de la réduction des droits au profit de la pêche étrangère.

Mais en annonçant à la pêche qu'elle devait se résigner et se préparer à la lutte, la Chambre daignait donner un conseil et terminait sa lettre en ces termes :

« C'est aux armateurs qu'il appartient de lui communi-
« quer la force dont elle devra faire usage pour se main-
« tenir et pour conserver, en prospérant, à notre pays,
« les éléments de prépondérance maritime qu'elle est
« chargée de féconder.

« Notre Chambre vous secondera toujours dans cette
« tâche, dans toute la mesure de ses convictions et de ses
« forces. »

Six jours après, la Chambre donnait, quant à ce second point, la mesure de ses convictions et de l'appui qu'elle entendait accorder.

Sans aucun doute, quoique déjà dans une situation brillante et prospère, surtout si on la compare à celle des époques antérieures, la pêche boulonnaise devait redoubler d'efforts, non-seulement pour se maintenir à la hauteur où elle était déjà parvenue, mais encore pour augmenter ses armements et en même temps ses produits dans toutes les limites du possible. C'était pour elle un besoin, c'était un devoir ; et, en regardant même comme irréalisable la menace que la Chambre faisait planer sur elle, elle y travaillait avec une ardeur qui, du reste, a porté ses fruits, puisque aujourd'hui ses produits sont presque doublés si on les compare à ceux de 1855, décuplés si on rapproche les chiffres de 1821 de ceux de 1860.

Mais, pour arriver à ces résultats, pour les augmenter encore, comme on l'espérait, dans des proportions plus larges, il ne fallait pas jeter une menace qui pouvait paraliser l'élan et détruire la confiance; et, d'un autre côté, il ne suffisait pas de donner un conseil banal qui devait rester stérile : il fallait chercher et indiquer les moyens d'arriver au but.

Le Comité venait précisément de le faire dans deux brochures qui avaient paru successivement en juin et en juillet 1856. Dans l'une, sous forme de NOTE, il avait traité la question des limites anglaises, et demandé la révision de la Convention de 1839 ; dans l'autre, sous forme de RAPPORT, en réponse à une dépêche du Ministre, il avait sollicité quelques modifications nécessaires pour améliorer la position de la pêche et des pêcheurs.

Le Comité, en adressant ces deux documents à la Chambre, avait réclamé son concours et son appui, et le 11 août, — six jours après la lettre où ce concours était promis d'une manière si officielle, — la Chambre prenait une délibération par laquelle, en accueillant favorablement quelques points secondaires des questions soulevées, elle REPOUSSAIT la question des limites en l'ajournant indéfiniment, sous prétexte de l'étudier d'une manière plus complète ;

Elle REPOUSSAIT l'organisation officielle des comités, par le motif avoué que ce serait un empiétement sur ses prérogatives; que ces comités constitueraient des institutions rivales de la sienne ; qu'ils échapperaient à l'action de l'autorité locale; qu'ils seraient d'un mauvais exemple pour les autres industries qui pourraient en demander de semblables, sous prétexte de défendre leurs propres intérêts, ce qui amènerait une foule d'assemblées délibérantes, qui engendreraient le désordre et la résistance en annihilant la Chambre elle-même : toutes raisons sans doute fort belles et fort graves, mais qui n'empêchèrent pas le Ministre de la marine de les regarder comme non avenues, et de constituer officiellement le Comité de Boulogne par l'arrêté du 8 décembre 1857.

La Chambre REPOUSSAIT la demande formulée pour la suppression des doubles rôles d'équipages et du prélèvement de 3 p. 0/0 opéré sur les bénéfices des marins, au profit de la caisse des Invalides. Elle refusait d'appuyer cette juste réclamation, sous prétexte que c'était une exagération de zèle; que les rôles spéciaux pour la pêche d'Ecosse étaient indispensables, et que, quant à la retenue de 3 p. 0/0 sur les salaires, la pêche du hareng était assez lucrative pour que les marins pussent supporter ce léger surcroît de charge! Malheureusement, la Chambre eut assez d'influence alors pour faire prévaloir son opinion. Pendant quatre années encore la pêche fut obligée de subir la retenue, et c'est depuis quelques jours seulement qu'à force de persévérance, de réclamations motivées, malgré l'opposition et les arguments de la Chambre, le Comité est parvenu à obtenir la dépêche du 12 juillet 1861, qui supprime tout à la fois et le double rôle et la retenue de 3 p. 0/0.

La Chambre REPOUSSAIT encore la suppression du délai d'absence, que le Comité voulait étendre à cinq jours au lieu de trois. Elle déclarait que cette demande était inadmissible, parce que c'était énerver la législation; parce que cinq jours d'absence pour les pêcheurs, c'était plus qu'il n'en fallait pour aller acheter du poisson aux côtes d'Angleterre et de Hollande. Toujours tourmentée par l'idée des achats, qui ont depuis longtemps cessé d'exister, la Chambre semble toujours vouloir opposer ce fantôme à toutes les tentatives de liberté, et elle s'en sert comme d'un épouvantail pour entraver les meilleures intentions; aussi a-t-il fallu toute l'insistance du Comité pour, malgré l'opinion de la Chambre, faire prévaloir les intérêts de la population maritime et amener la décision ministérielle du 18 janvier 1861, qui supprime complétement le délai d'absence, et celle du 17 avril, qui confond en un armement unique toute la pêche du hareng, supprime les latitudes imposées, et donne toute liberté pour les départs comme pour les retours.

Enfin la Chambre voulait bien applaudir à la décision ministérielle du 29 juillet, qui maintenait les droits protecteurs, mais elle déclarait en même temps que le maintien de ces droits était impossible, et qu'il fallait se préparer à la lutte en redoublant d'efforts pour pouvoir la soutenir ; enfin qu'il allait falloir compter avec cette concurrence si redoutée, si insultée, parce que sans elle on ne pouvait réaliser aucun progrès, et déraciner aucun abus !

Voilà la mesure des convictions de la Chambre! Voilà l'appui qu'elle entendait prêter à la pêche ! Elle accusait la pêche de stagnation, sans même tenir compte des millions qui constataient le progrès; elle voulait des préparatifs pour la lutte future, et elle en ôtait les moyens ; elle demandait des améliorations, de l'accroissement, mais elle prétendait maintenir la pêche sous une législation compressive qui l'entravait à chaque pas et qui s'opposait à l'augmentation des produits; enfin elle voulait déraciner des abus imaginaires, qu'elle ne pouvait même pas préciser, et elle ne trouvait pas d'autre remède que de susciter à la pêche une concurrence qui devait la ruiner.

En vain le Comité, dans toute sa correspondance, objectait-il qu'en admettant même la liberté des échanges développée sur une vaste échelle, la pêche ne pouvait pas être assimilée aux autres industries ; qu'elle ne pouvait pas produire à son gré ; que sa production était naturellement subordonnée à mille circonstances indépendantes de la volonté humaine; que pour toute concurrence loyale il fallait égalité dans les moyens, et que par sa liberté d'action, sa position géographique et la Convention de 1839, l'Angleterre avait tous les avantages de son côté; enfin que la prospérité de la pêche française était une question nationale au point de vue de la puissance maritime ; rien ne put changer la marche que l'on avait fait adopter par la Chambre, parce que le seul point de vue était l'importation du poisson étranger, importation qui devait assurer des opérations de commerce et de transit d'une haute importance. Les faits qui suivent viendront surabondamment démontrer la vérité de cette assertion.

Au mois de février 1857, la Chambre avait reçu du Ministre du commerce un Rapport du Commandant de la station des mers du Nord, Rapport qui fut transmis au Comité et qui avait pour but unique de chercher à constater la supériorité des préparations anglaises en matière de salaison. En faisant cet envoi, la Chambre, dans sa lettre du 23 février, avait soin de revenir sur son thème habituel, en répétant que « l'industrie de la pêche n'avait « jamais fait le moindre progrès depuis des siècles qu'elle « existe, » et en ajoutant « qu'elle allait se trouver me- « nacée DANS SON EXISTENCE MÊME par l'extension des re- « lations internationales. »

C'est à partir de ce moment que M. J. Lebeau entre personnellement et ostensiblement en scène. Fatigué sans doute de rester dans l'ombre et de ne pas pouvoir étaler les fruits de ce qu'il appelle sa longue expérience ; piqué au vif par un reproche d'infériorité qu'il regardait comme une attaque personnelle, il s'empresse de saisir l'occasion qui se présente, et, dans une lettre du 28 février, après avoir contesté au Commandant de la station les connaissances nécessaires pour apprécier la salaison ; après avoir déclaré que l'on pouvait visiter SES ateliers pour se convaincre que SES procédés de préparation ne le cédaient en rien à ceux d'Angleterre ; après avoir, d'autre part, démontré tous les avantages que la pêche anglaise peut avoir sur la nôtre relativement à la salaison, M. J. Lebeau ajoute :

« Dans une semblable situation, qu'y a-t-il donc d'é- « trange que nous ne puissions pas lutter avec les Anglais « sur les marchés étrangers, comme M. le Commandant « de la station paraît le désirer ? Est-ce avec un prix de « revient double et quelquefois triple pour la matière pre- « mière que nous pourrions entamer sur le marché étranger « une concurrence quelconque ? Le tenter serait un véri- « table enfantillage ; espérer qu'il nous sera possible d'y « arriver est une illusion, et nous croyons en avoir com- « plétement démontré les raisons. »

Jusque-là M. J. Lebeau est dans le vrai : la concurrence est impossible, puisqu'en France la matière première coûte deux fois, trois fois plus cher qu'en Angleterre. Il établit lui-même la comparaison, et voici l'incroyable conclusion qu'il en tire :

« Nous ne pouvons abandonner cette question sans vous « dire, Messieurs, que nous appelons de tous nos désirs,

« comme moyen d'activer notre production et de stimuler « notre pêche nationale, des droits moins lourds que ceux « actuels, lesquels ne sont pas seulement protecteurs, « mais qui rendent purement et simplement impossible « l'introduction du poisson salé de pêche étrangère.

« Nous n'hésitons pas à dire que, quoique nous sa- « chions à l'avance que notre opinion sera vivement com- « battue par le Comité des armateurs de pêche, que la « consommation réclame une tarification qui lui per- « mette, au moins dans les moments de cherté excessive, « d'avoir recours à la production étrangère. Nous voyons « dans une tarification moins exagérée que celle aujour- « d'hui en vigueur, à la fois une satisfaction donnée à des « besoins d'alimentation qui méritent une considération « sérieuse, en même temps qu'un aiguillon nécessaire à « la pêche nationale, qui n'aurait que peu à redouter un « droit de douane qui, par exemple, serait réduit à 15 fr. « par 100 kilog., droit équivalent à près de 30 °/₀ du « prix moyen pour le hareng salé dans ces dernières « années. »

Il suffit de rapprocher les deux passages de cette lettre pour avoir la mesure de la logique de M. J. Lebeau. Eh quoi! la pêche en Angleterre est naturellement plus productive; le prix de revient de la matière première est deux ou trois fois moins élevé; la distance décuple les frais d'armement; et pour stimuler la pêche française, qui produit tout ce qu'elle peut produire dans les mauvaises conditions que l'on reconnaît, il faut abaisser les droits pour faciliter l'importation de la salaison anglaise! Valenciennes demandait l'introduction de la marée fraîche; M. J. Lebeau va plus loin, il demande l'importation du hareng! La France ne peut pas lutter avec l'Angleterre sur les marchés étrangers, et il faut ouvrir le marché français à la concurrence anglaise; la concurrence est impossible, on le proclame, et on en conclut qu'il faut appeler la concurrence; les 15 fr. de droits, soit 30 fr. de la valeur, sont bien loin d'établir la compensation relativement au prix de revient de la matière première; qu'importe? L'Angleterre profitera de la différence pour encombrer nos marchés, mais au moins la pêche française sera *aiguillonnée!*

Que répondre à de semblables arguments? Que dire d'une semblable lettre? Que penser d'une conclusion aussi contradictoire? Pour tout homme sérieux, c'est un chef d'œuvre d'absurdité, et pourtant voilà l'appât à l'aide duquel la Chambre de commerce s'est laissé prendre et entraîner, car dès lors la question était soulevée, et, pour arriver au but, on avait intérêt à la tenir en permanence et continuellement à l'ordre du jour, alors même que la Chambre convenait que par la réduction des droits la pêche était menacée dans son existence.

Mais avant d'aller plus loin dans la question, il est utile de dire et d'expliquer en peu de mots quel est l'homme qui venait ainsi se poser pour trancher des questions de si haute importance; quel est l'homme que la Chambre semblait vouloir accepter pour conseil et pour guide.

Sans contredit M. J. Lebeau est un homme honorable, placé nominativement à la tête d'une des premières maisons de la localité. Négociant-armateur, il possède deux navires qu'il arme tantôt pour la morue, tantôt pour le cabotage; commissionnaire, il fait en transit des affaires très-importantes; mais, en ce qui concerne la pêche, M. J. Lebeau n'est qu'un marchand saleur qui n'est même pas toujours en première ligne dans les statistiques annuelles. M. J. Lebeau est sans doute un bon commerçant, il a pu le devenir dans les vingt ans dont il se targue sans cesse et à tout propos; mais il ignore peut-être qu'en fait de commerce surtout, vingt ans d'exercice ne constituent pas vingt ans d'expérience, et il le prouve à ce point que, sans même savoir s'il a beaucoup étudié, on peut déclarer hautement que, du moins en matière de pêche côtière, il n'a jamais rien appris.

Marchand saleur, n'ayant aucun intérêt direct dans la pêche, M. J. Lebeau était-il l'homme que la Chambre devait écouter et consulter dans une question de cette nature, surtout quand, à côté de lui, en dedans comme en dehors de la Chambre, se trouvaient des personnes réellement compétentes, dont l'opinion, appuyée sur les faits, devait avoir une toute autre valeur et une toute autre portée? Il semble, au contraire, que la Chambre aurait dû se tenir en garde contre les calculs d'un spéculateur qui se faisait, peut-être même à son insu, le bouc émissaire d'une idée qui lui avait été soufflée par quelqu'un qui se tenait prudemment derrière le rideau; il semble aussi que la Chambre aurait dû agir avec plus de réserve et ne pas se laisser ainsi acculer dans une impasse dont elle ne pouvait plus sortir.

D'un autre côté, les intérêts les plus graves se trouvaient en jeu. La Chambre elle-même l'avait dit dans ces lettres menaçantes qu'elle écrivait antérieurement : la réduction des droits présentait un immense danger; il s'agissait de la prospérité, de l'avenir de la plus vaste industrie de la ville; il s'agissait de l'*existence même* du tiers de la population boulonnaise. Le président de la Chambre, qui accaparait alors toutes les positions influentes, était en même temps maire de Boulogne; il avait donc un double devoir à remplir. Pour justifier sa réputation de sagacité, il aurait dû comprendre que, tout en laissant les tendances et les événements suivre leur cours, la Chambre devait au moins ne rien provoquer; que les tendances et les opinions individuelles devaient s'effacer devant le mandat officiel qu'elle avait à remplir; que sa mission principale était de représenter, de défendre, de protéger les industries de la localité; qu'elle devait surtout se garder de prendre l'initiative d'une semblable proposition, et qu'il ne lui appartenait pas de venir ainsi, d'elle-même et de son propre mouvement, émettre un avis dont plus tard on pourrait s'armer avec d'autant plus de raison qu'il émanait du port le plus intéressé dans la question.

Président de la Chambre, ne devait-il pas enrayer M. J. Lebeau en lui faisant sentir toute l'inopportunité, toute l'inconvenance de sa proposition ? Président, ne devait-il pas avertir ses collègues et les arrêter sur la pente fatale où l'on cherchait à les entraîner?

Maire, devait-il laisser produire une proposition qui tendait à ruiner une des sources principales de la prospérité locale? Son devoir n'était-il pas, au contraire, de couvrir de toute sa protection, de défendre avec toute la force de sa position doublement officielle et prépondérante une industrie qui verse des millions dans la ville ? Président-maire, il aurait dû prévoir les conséquences qui devaient découler de cette initiative. S'il ne les a pas vues, il doit compte à la Chambre du défaut de perspicacité dont il a fait preuve ; s'il les a vues, il doit compte à la ville entière d'une faute que les convenances défendent de caractériser. Dans tous les cas, comme président et comme maire, la position était double, double était l'influence, double devient la responsabilité.

Appuyé par le président de la Chambre, encouragé par le silence du maire, M. J. Lebeau continuait à suivre la marche qu'il s'était ou que peut être on lui avait tracée. Après son incomparable lettre du 28 février, il s'était empressé d'écrire en Ecosse à l'effet d'obtenir des renseignements sur le mode de préparation usité pour la salaison du hareng, et dans leur réponse datée de Peterhead, le 13 mas 1857, MM. Anderson et Son lui rappellent « que « l'une des principales branches de leurs affaires est l'a- « chat et l'exportation du hareng sur le continent; que « leur marché principal est l'Allemagne et la Pologne, « que la pêche hollandaise est déjà presque anéantie ; « qu'ils regrettent de voir notre gouvernement persister à « repousser l'importation en France du hareng qui n'est « pas de pêche nationale, alors qu'il est reconnu que dans « les conditions où elle se trouve, la pêche française ne « peut produire ni en aussi grande quantité ni à des prix « aussi bas; que cette prohibition ne tenait qu'à des raisons « politiques; qu'enfin, si la France voulait admettre le ha- « reng anglais soit en franchise, soit à un droit réduit, en « rendant l'importation obligatoire par les bateaux fran- « çais, le personnel des marins ne souffrirait que peu de « diminution ou pas du tout. »

C'était tout simplement réduire nos pêcheurs au cabotage au profit des pêcheries anglaises; c'était la ruine complète de notre pêche nationale, et cette lettre ne pouvait s'expliquer qu'en sortant de la plume d'un Anglais. Elle aurait dû suffire pour montrer les dangers de la proposition; elle aurait dû frapper tous les regards et dessiller tous les yeux ; mais malheureusement, il n'y a pire aveugle que celui qui ne veut pas voir.

M. J. Lebeau, au contraire, s'en fit une arme nouvelle, et pour réfuter les motifs que le Comité, dans sa lettre du 27 février, avait opposés à sa demande, il adressa, sous la date du 6 avril, un mémoire, que la Chambre transmit le 14 du même mois, en faisant observer que ce mémoire s'appuie sur des renseignements pris en Angleterre et qui paraissent de la dernière précision : — ce sont ceux qu'on vient de trouver dans la lettre Anderson ! que le mémoire insiste pour la suppression des droits prohibitifs, comme le seul stimulant efficace de cette industrie chez nous : — toujours le même aiguillon ! que le Comité doit se placer au-dessus de toutes les petites considérations privées : — sans doute pour déserter les intérêts de la pêche et laisser le champ libre aux spéculations du transit ! Enfin, que les communications doivent être manuscrites et sans publicité : — probablement parce qu'en continuant de jouer en sourdine, on espérait arriver plus facilement au but, et parce qu'on redoutait cette publicité contre laquelle on avait soin de se prémunir.

Le mémoire du 6 avril 1857 n'est pas bien long, mais comme valeur intrinsèque, il se maintient à la hauteur de la lettre du 28 février.

M. J. Lebeau commence par confesser qu'il ne comprend pas la réponse faite par « les écoreurs » réunis sous le nom de Comité des armateurs de pêche. Il ne comprend pas qu'en reconnaissant qu'il serait avantageux d'arriver à profiter de l'ouverture des marchés dans les pays qui n'ont pas de pêcheries, le Comité repousse l'importation anglaise sur les marchés de la France qui possède une pêche nationale en pleine voie de prospérité. M. J. Lebeau voit dans ce fait et dans cette résistance une contradiction évidente.

Faisant appel aux principes commerciaux de la Chambre, il ne doute pas de son adhésion en faveur d'une concurrence qui doit, dit-il, tourner au profit de la pêche, et il ajoute :

« N'avez-vous pas entendu avancer, il y a quelques an-
« nées, que la pêche d'Écosse étant tout à fait impossible
« aussi longtemps que le traité sur les limites de pêche
« serait maintenu, que les achats étant poursuivis, il n'y
« avait plus pour nos marins qu'à carguer les voiles et à
« rester au port pendant la saison d'été ; votre raison a
« fait *bonne justice* de tous ces dires. *Les limites exis-*
« *tent toujours* ; l'achat a été arrêté, et jamais, vous
« pouvez le dire avec un certain orgueil, *car vous y*
« *avez largement contribué*, la pêche du hareng n'a été
« dans des conditions plus prospères. »

Reconnaissant qu'un intérêt politique considérable exige que notre pêche soit *rigoureusement protégée*, et confirmant son assertion quant à l'impossibilité de concurrence sur les marchés étrangers, il continue ainsi :

« Quant à la concurrence sur le marché français, nous
« la considérons *impossible* à notre pêche nationale sans
« un droit protecteur *assez élevé* et compensant en sa
« faveur la différence *considérable* qui existe dans les
« conditions de production. »

C'est clair, net et précis. La pêche française a besoin d'être rigoureusement protégée ; la concurrence est impossible sur le marché français sans un droit protecteur assez élevé. Il semble résulter de là que le droit de **44** francs doit être maintenu, augmenté même au besoin ; voici maintenant sa conclusion :

« La question se pose ici tout naturellement : quel
« serait le droit à appliquer au hareng ? Nous nous
« étions prononcés pour un droit de 15 francs, par
« 100 kilogrammes ; nous croyons, après une étude
« plus approfondie de cette affaire, que le droit ne
« devrait pas dépasser 10 francs. »

Inutile sans doute, de faire encore une fois ressortir la déplorable logique de M. J. Lebeau. Poser des arguments raisonnables ; établir des faits devant amener des conséquences positivement indiquées, et conclure, dans un sens diamétralement contraire et opposé, c'est laisser voir l'ignorance la plus complète des rudiments de la dialectique, et cette absence de raisonnement, M. J. Lebeau semble prendre à tâche de la démontrer à chaque phrase échappée de sa plume.

« Dans sa lettre du 23 février, il a dit que le droit de « 15 francs était l'équivalent d'à peu près 30 p. 0/0 « des prix moyens depuis un certain temps. » Voici maintenant que, dans cette lettre du 6 avril, il déclare que le droit de 10 francs, « plus les deux décimes, soit « 12 francs, représenterait plus de 40 p. 0/0 de la « valeur moyenne pendant les dix dernières années. » Où donc M. J. Lebeau, a-t-il vu que 15 est à 30 ce que 12 est à 40 ? Où donc a-t-il étudié les premiers éléments de l'arithmétique ?

Et sur quoi M. J. Lebeau s'appuie-t-il pour justifier sa demande de réduction des droits ? Sur des informations prises par lui en Angleterre, et à l'aide desquelles il avance que, d'après les calculs qu'il pose sur le poids *net* de 100 kilogrammes de poisson, le hareng anglais reviendra en France, « à 60 fr. 87 c. le baril, prix qui a toujours « été regardé en France comme excessivement élevé. »

A quoi servirait alors de faire venir du hareng d'Angleterre s'il devait être à un prix aussi élevé? En quoi cette introduction pourrait-elle être utile aux classes nécessiteuses, puisqu'elles payeraient le même prix ? Voilà sans doute des questions que M. J. Lebeau, n'a pas cru devoir se poser faute de pouvoir y répondre ? Quoi qu'il en soit, pour bien suivre M. J. Lebeau dans les égarements de ses diverses opinions, il importe de prendre acte de ce chiffre de 60 fr. 87 c., qu'il donne, et que la Chambre avait accepté, comme le résultat de renseignements qui lui paraissaient être de la dernière précision.

Enfin, et pour terminer ce mémoire du 6 avril, M. J. Lebeau, revient sur la question de salaison qu'il déclare être aussi bonne en France qu'en Angleterre, ajoutant : « Que partout il y a des gens peu soigneux « dans leur fabrication, et que la différence de qua- « lité ne pourrait jamais provenir que de choses qui ne « se prescrivent pas, la propreté et le désir de bien « faire, » allusion toute fraternelle et qui doit singulièrement caresser l'amour-propre des marchands saleurs, ses collègues.

On comprendra facilement que le Comité ne laissa pas de semblables assertions sans réponse et sans réfutation.

Dans une lettre du 28 avril 1857, tout en cherchant à ramener la Chambre à un autre sentiment en lui rappelant tout ce qu'elle avait fait antérieurement à cette fatale question, le Comité faisait observer que les achats avaient été supprimés parce qu'ils avaient pour conséquence de rendre florissantes les pêcheries anglaises en annulant notre pêche nationale ; que le résultat de l'introduction avec des droits qui cessaient d'être suffisamment protecteurs et même prohibitifs, c'était la permission aux Anglais d'importer chez nous ce qu'on nous défendait d'aller acheter chez eux ; que les chiffres posés par M. J. Lebeau étaient contestables, et d'autant plus justement contestés que, l'année précédente, sans concurrence anglaise, le prix du hareng français loin de se tenir à 60 francs par baril, était descendu jusqu'à 30 francs ; qu'il était inadmissible d'assimiler la pêche à une industrie de fabrication qui, elle, pouvait trouver dans la concurrence d'un produit étranger similaire un stimulant pour produire meilleur et à meilleur marché ; qu'il ne voyait pas pourquoi M. J. Lebeau, armateur pour la morue ne demandait la réduction des droits que sur le hareng et ne l'étendait pas à la morue qui était également un aliment pour les classes pauvres ; enfin, que de la lettre de M. J. Lebeau résultait ce fait que, pour les spéculations particulières, il importait peu que la pêche fût métamorphosée en un transit des produits étrangers, mais que la Chambre ne prêterait sans doute pas son concours, même indirect, à une proposition qui tendait à ruiner la plus productive des industries locales.

Dans sa lettre du 17 mai, le Comité annonçait à la Chambre que, pour répondre aux allégations de M. J. Lebeau et réfuter les renseignements précis dont il prétendait s'être entouré, il avait demandé et obtenu de M. le vice-consul de France à Lowestoft des documents officiels qui constataient :

Que, dans ces parages, la pêche du printemps, qui commence en mars pour finir vers le 15 juin, produisait du hareng, à la vérité assez petit, mais qui se vendait très-bien dans les marchés de l'intérieur.

Qu'en cette même année 1857, cette pêche avait été si abondante que le hareng s'était vendu de 6 à 8 pence — 60 à 80 centimes — les 120 poissons, et qu'à ce prix si bas, les bateaux avaient pu gagner en moyenne 300 livres sterling, ce qui présentait un résultat de 900 barils par bateau et une production totale de 160,000 barils pour le port de Lowestoft.

D'où le Comité concluait que le port de Lowestoft seul, avec sa seule pêche de printemps, pouvait alimenter la France tout entière ; qu'il pouvait envoyer ses 160,000 barils au commencement de juillet, pour rendre inutile et impossible la pêche française ; enfin, qu'en calculant le prix de la matière première, le coût de la salaison, les frais de transport, les droits d'entrée tels qu'on les proposait, et un bénéfice net de 5 p. 0/0, les saleurs de Lowestoft pouvaient importer le hareng, non pas au prix de 60 fr. 87 c., comme l'affirmait M. J. Lebeau, mais bien au prix de 33 francs le baril repaqué, au poids net de 125 kilogrammes de poisson, ce qui correspond au poids brut de 144 kilogrammes.

Tout autre que M. J. Lebeau se serait arrêté devant ce résultat de documents officiels, en harmonie avec une dépêche ministérielle du 30 janvier 1857 ; mais il est probablement de ceux pour qui une aveugle obstination devient une vertu ; aussi revint-il à la charge dans un troisième Mémoire, sous date du 1er octobre 1857.

Dans ce nouveau factum, M. J. Lebeau débute en se gendarmant contre ceux qu'il continue à appeler « les écoreurs » du Comité, en prétendant qu'ils l'accusent de se laisser guider par un intérêt privé, alors, dit-il, que ce sont eux qui, en s'opposant à l'introduction, agissent dans un intérêt personnel. Il ne comprend même pas qu'en défendant la pêche contre l'invasion du poisson étranger, ses adversaires ne sont que les représentants et les échos de la population maritime tout entière, ce qui doit paraître à tout homme sensé une question d'intérêt général.

Il accuse le Comité de manquer de raisonnement, en soutenant que la proposition de réduction des droits, c'est la permission accordée aux Anglais d'apporter en France ce qu'on nous défend d'aller acheter chez eux.

Il ne veut pas que nos bateaux, avec une pêche insuffisante, puissent compléter leurs chargements en achetant aux côtes d'Angleterre, parce que c'est la fraude ; mais il appelle de tous ses vœux l'importation par navires anglais, à un droit presque nul et insignifiant, parce qu'alors c'est une opération commerciale, régulière.

Il déclare qu'il n'a pas demandé la réduction des droits sur la morue, parce que, dans la circonstance, il ne s'agissait pas plus de la morue que de la laine et du coton, rapprochement très-facétieux qui a dû lui paraître très-spirituel ; puis, comme il se trouvait en face d'un argument précis et direct, dont il ne savait comment se tirer, il avoue qu'il est toujours entré dans sa pensée que la morue serait admise aux mêmes droits que les harengs, et, comme il est alors lancé à fond de train dans la voie des introductions à prix réduits, il ajoute : « Quant à la « réduction des droits sur le poisson frais, nous la consi« dérons comme très-désirable au même titre, et nous « n'hésitons pas à le dire tout haut à MM. les écoreurs du « Comité. »

Après cela, il se mire dans son œuvre et se flatte d'être complétement justifié.

Revenant alors à sa proposition, il s'exprime en ces termes :

« Nous avons fixé, dans une précédente lettre, à « 10 francs le droit à percevoir par 100 kilogrammes *net* « de poisson, et MM. les écoreurs du Comité nous en « demandent la raison. Nous croyons cependant l'avoir « suffisamment indiquée.

« Nous avons fixé ce chiffre à 10 francs, parce que, « nous basant sur le prix moyen des harengs en Angle« terre, pendant les dix dernières années, nous sommes « arrivés à un prix de revient, en France, de 60 francs « par baril de harengs, prix qui, en aucune circonstance, « à notre avis, ne doit être atteint, et, à plus forte raison, « dépassé, et cela autant dans l'intérêt de nos pêcheurs « que de la consommation. »

Sans aucun doute, dans l'intérêt de la consommation, et, bien qu'au détail le prix du hareng ne change guère, il vaudrait mieux que le prix du baril ne dépassât jamais 60 francs ; mais il faut faire remarquer que, pour arriver à ce taux, il faut que la moyenne s'élève à près de 600 francs par last, tandis qu'en général elle ne monte pas au-dessus de 500 à 520 francs, ce qui porte le prix moyen du baril de 56 à 57 francs ; il faut aussi remarquer que quand il s'élève beaucoup plus haut, c'est un peu peut-être parce que certains saleurs, et M. J. Lebeau lui-même, spéculent sur la primeur ou sur la rareté.

Voilà pour l'intérêt de la consommation ; reste maintenant l'intérêt du pêcheur, comme l'entend M. J. Lebeau.

Le prix du hareng, dit-il, ne doit pas être trop élevé.

« Dans l'intérêt du pêcheur, parce que, dans ce cas, la « consommation s'arrête, que le trop-plein se produit à « la fin de la saison, que la débâcle s'ensuit dans les prix, « et que c'est sur le pêcheur que rejaillit le contre-coup « de ces débâcles à la saison suivante. »

Quelle sage prévision! quelle admirable sollicitude! Nos pêcheurs ne doivent pas chercher à vendre leur poisson à un prix trop élevé; ils doivent même au besoin arrêter les enchères, parce que, s'ils profitent de la fermeté des cours, ils s'exposent à vendre moins cher l'année suivante! Est-il donc réellement sain de corps et d'esprit celui qui ne craint pas de jeter à la face d'une Chambre de commerce un semblable paradoxe? Quand l'alcool est à un cours même exagéré, est-il un négociant qui le vende à un prix plus doux, dans la prévision de la baisse qui pourra survenir même huit jours après? Et puis, qu'est-ce donc que ce trop-plein, sinon la surabondance des produits, et, s'il y a surabondance, que devient alors tout cet échafaudage qui s'appuie uniquement sur l'insuffisance de la production? Et puis enfin, qu'est-ce que la débâcle, si non la grande baisse de prix? Or, si la débâcle fait descendre le baril du hareng à 30 francs, à quel titre M. J. Lebeau peut-il s'en plaindre, et de quel droit veut-il l'empêcher, lui qui crie sur les toits qu'il n'agit que dans une pensée philanthropique, et que son seul but est de pouvoir livrer du hareng à bon marché, parce que c'est la consommation du pauvre? Au reste, qu'il se rassure ; si indépendamment des produits maintenant considérables de la pêche française, les Anglais font des importations tant soit peu importantes, il y aura nécessairement surabondance et la débâcle sera permanente !

Prenant acte des réclamations sur l'introduction du saumon, il trouve que le gouvernement a permis une « singulière anomalie » en admettant ce poisson en franchise de droits, tandis qu'il frappe le hareng d'un droit prohibitif. Il ne comprend pas qu'en réclamant contre l'importation du saumon, on ne s'appuyait pas sur la loi, et qu'on se contentait de se plaindre du tort que ce poisson, objet de luxe, faisait aux plus beaux produits de la pêche maritime ; il ignore que la loi n'astreint au droit d'entrée que les poissons de mer ; il ne sait même pas que le saumon est un poisson d'eau douce !

Cherchant toujours à faire croire à son expérience, il indique des améliorations qu'il présente comme de lui, et qui sont déjà sollicitées depuis longtemps. Puis il s'émancipe ; il devient jovial et facétieux ; il donne des conseils ; il n'a jamais vu comment se fait la pêche en Angleterre, et il engage nos marins à aller apprendre leur métier au contact des pêcheurs anglais ; enfin il arrive à discuter le chiffre de 33 francs, prix auquel, d'après les documents officiels, le port de Lowestoft pourrait seul fournir assez de hareng pour suffire à la consommation française.

Là M. J. Lebeau ne peut pas nier la vérité. Après avoir déclaré que, d'après les calculs de son expérience, le hareng anglais ne pouvait entrer en France à un prix moindre de 60 fr. 87 c. ; il est forcé, en faisant quelques petites modifications dans les chiffres, de convenir que Lowestoft pourrait fournir du hareng, non pas, dit-il, à 33 francs le baril, mais bien à 39 fr. 75 c.

On a dès lors la mesure de la confiance que l'on peut avoir dans les chiffres, les renseignements, les calculs et les appréciations de M. J. Lebeau.

Mais comme dans une position devenue ostensiblement fausse et mauvaise il faut toujours chercher à atténuer la faute commise, il trouve un palliatif, et tout en ayant la maladresse de reconnaître que le hareng guai est souvent fort recherché ; qu'il y a « des contrées où ce genre de « poisson convient seul à la consommation » ; tout en ignorant que le principal reproche que l'on puisse faire au hareng de Lowestoft, c'est d'être un peu trop *gras* et huileux, il ajoute, après avoir reconnu ce chiffre de 39 fr. 75 c. :

« De plus, si on réfléchit qu'il s'agit ici d'une marchan-
« dise saisonnaire vendue hors saison, et qu'il faudrait
« ajouter, pour conserver ces harengs jusqu'au moment
« de la consommation, certains frais supplémentaires, on
« dépassera 40 fr. et plus pour un hareng *maigre*, de
« qualité inférieure, qui vaudra, Messieurs « les Eco-
« reurs », nous l'accorderons, *un peu moins* que le beau
« poisson de la pêche d'Ecosse. »

M. J. Lebeau ne s'aperçoit même pas qu'en admettant ce prix de 39 et de 40 fr., il donne lui-même un démenti à toutes ses assertions précédentes, et il continue :

« Supposons, d'ailleurs, que le marché français soit
« ouvert à ces harengs qui se vendent si bon marché ;
« qu'arrivera-t-il inévitablement ? C'est que cette mar-
« chandise, vendue 9 fr. 25 c., parce qu'elle arrive hors
« de saison, qu'elle est sans emploi, montera à 15 ou
« 20 fr., si elle a seulement en perspective la possibilité
« d'un débouché sur le marché français. »

Donc la proposition d'ouvrir ce marché était toute à l'avantage de l'Angleterre ; donc l'importation par la réduction des droits était toute au profit de la pêche anglaise ; donc l'importation doit avoir inévitablement pour résultat de faire augmenter la valeur du poisson en Angleterre, de la doubler même pour enrichir les pêcheurs anglais, tandis que, par contre, elle devra faire baisser en France le prix du hareng, à ce point qu'avec leurs frais d'armement nos marins ne pourront plus vivre de leur industrie ; donc.... Mais mieux vaut s'arrêter dans ces commentaires ; mieux vaut supposer que M. J. Lebeau n'a pas saisi la portée de sa pensée ; mieux vaut admettre qu'il n'a pas compris un seul mot de ce qu'il écrivait quand il a tracé ces lignes.

Enfin, et pour essayer d'arriver à son but ; pour tâcher d'entretenir la Chambre dans les mêmes dispositions ; pour maintenir sa proposition, qu'il avait présentée de lui-même, de son propre mouvement, sans y être provoqué, par sa propre initiative, dans sa première lettre du 28 février 1857, alors qu'il s'agissait simplement d'une question de supériorité en fait de salaison, M. J. Lebeau termine ce mémoire du 1er octobre par la péroraison suivante :

« La prétention qu'ont les producteurs du hareng « de s'opposer à l'abaissement du droit d'entrée nous « paraît donc inadmissible. Ce nouveau tarif est ré- « clamé par les besoins impérieux du consommateur, et il « est loin de menacer, comme on veut bien le dire, notre « marine et nos saleurs. Nous ne doutons pas, Messieurs, « que vous ne partagiez notre opinion à cet égard, et « nous adressons en toute confiance à votre sagesse ces « réflexions qui ne nous sont inspirées, croyez-le bien, « que par des sentiments en tous points désintéressés et « dégagés de tout calcul personnel. »

Voilà aussi succinctement que possible, mais avec la plus exacte précision, l'analyse du troisième mémoire de M. J. Lebeau. Les contradictions, les erreurs d'appréciation étaient tellement palpables, que le Comité ne crut même pas devoir les relever en y répondant. Le Comité avait l'espoir qu'avant d'aller plus loin la Chambre lui demanderait un dernier avis; mais ce fut encore une des illusions du Comité.

Le Comité avait d'autant plus lieu de garder cette espérance, qu'à la même époque, dans un Rapport adressé à Son Exc. le Ministre de la marine, le 30 octobre 1857, M. Garnault, capitaine de frégate et commandant la station des mers du Nord, avait traité cette question de l'introduction et avait corroboré l'opinion émise par le Comité en déclarant que les droits sur les harengs étrangers étaient quasi prohibitifs, mais qu'il serait *injuste, dangereux et inopportun* de les supprimer, ou même de leur faire subir la *moindre réduction*. Injuste, parce qu'avec les entraves imposées à notre pêche, la concurrence ne serait pas dans des conditions égales avec la pêche anglaise, jouissant de toute sa liberté, et que l'une succomberait infailliblement devant l'autre; dangereuse, parce qu'elle entraînerait inévitablement la ruine de notre pêche du hareng et celle de toutes nos pêches salées; inopportune, parce que ce n'était pas au moment où l'industrie de nos pêches était en progrès qu'il convenait de la menacer dans son existence.

M. Garnault déclare qu'il ne veut pas s'arrêter à une opinion *accréditée dans tous les ports* et qui accuse les partisans de la suppression ou réduction des droits d'abriter un intérêt personnel sous l'égide de l'intérêt général; mais il établit une différence rationnelle entre les marchands saleurs et les armateurs saleurs, disant que pour les premiers il importe peu de quelle source vient le poisson, pourvu qu'ils puissent alimenter leur clientèle, continuer leur commerce et se faire au besoin transitaires, s'ils y trouvent un plus grand bénéfice ; mais que les seconds ont un intérêt direct à la prospérité de la pêche; que leur profession de saleurs n'est que le corollaire de celle d'armateurs, et qu'il leur importe que la pêche, loin de tendre à sa décadence, marche dans la voie du progrès, et qu'elle développe ses ressources pour alimenter les nombreuses industries qui s'y rattachent.

Certes, il eût été difficile de mieux caractériser la différence qui existait entre ceux qui se trouvaient en lutte; aussi, dans la conviction que cette comparaison suffirait pour édifier la Chambre sur les motifs qui pouvaient faire agir chacun des deux partis, le Comité crut-il devoir, dans une lettre datée du 24 decembre, se contenter de commenter le rapport de M. Garnault, en appuyant les arguments que M. le Commandant de la station avait développés avec toute l'autorité d'un talent supérieur, en y ajoutant quelques observations de détail qui, en définitive, n'étaient que la répétition et le complément de tout ce qui avait été si souvent et si longuement exposé sur cette importante question.

A la suite de ces débats contradictoires, qui étaient arrivés jusqu'aux Ministres, qui avaient préoccupé le Gouvernement et avaient provoqué une lettre du Ministre de la marine, en date du 11 novembre 1857, la Chambre avait étudié la question, et le Rapport de sa commission était lu dans la séance du 17 mai 1858, pour être ensuite discuté dans celle du 20. Ce document, avec le compte rendu de la délibération à laquelle il a donné lieu, a été publié et trop répandu pour qu'il soit nécessaire de donner même une analyse de ce volumineux travail, écrit peut-être sous la pression d'une influence particulière, mais dans lequel on trouve toute la lucidité, toute la précision et toute l'habileté d'un secrétaire-rédacteur dont on ne pourrait plus faire l'éloge, comme écrivain, qu'en retombant dans de banales répétitions ; — mais, de l'examen sérieux de ce document résulte la preuve, d'abord, que l'opinion de la Chambre était loin d'être aussi tranchée que l'indiquait la correspondance antérieure, peut-être écrite sous une inspiration plus individuelle; ensuite, que la Chambre n'entendait plus se laisser entraîner sur la pente rapide qui devait la conduire à des propositions trop radicales et trop dangereuses. Aussi, malgré l'insistance de M. J. Lebeau, qui avait encore une fois modifié sa demande, et qui, n'osant plus proposer la réduction à 10 francs, était revenu à celle de 15 francs des 100 kilogrammes, la commission crut devoir préférer une transaction qui tendait à n'admettre qu'une réduction graduée, et elle s'arrêta au chiffre de 30 francs, précisément parce qu'elle le regardait comme encore prohibitif.

Dans la discussion qui eut lieu le 20, discussion qui fut longue, parce qu'on avait à lutter contre une résistance à laquelle on n'était pas accoutumé, M. J. Lebeau, malgré l'avis de la commission, continua à présenter sa demande de réduction à 15 francs; mais, alors, dans l'espoir sans doute de ramener la Chambre à son avis, et sans s'apercevoir que, par toutes ses tergiversations, il donnait une nouvelle preuve de la légèreté de son esprit et du peu de conviction qu'il avait apporté dans ses appréciations précédentes, il demanda le droit de 15 francs, avec double décime, non plus sur le poids *net* comme dans son mémoire du 14 avril, mais sur le poids *brut*, en comprenant l'enveloppe.

Cette proposition fut combattue par un membre de la Chambre qui demandait le maintien du droit à 40 francs, et qui devait être d'autant mieux écouté que, parmi ses collègues, il était seul amateur de pêche, en même temps qu'il était alors président du Comité.

Le président de la Chambre appuyant M. J. Lebeau; mais, comprenant que sa demande de réduction à 15 francs allait être repoussée, proposa le chiffre transactionnel de

20 francs, en s'appuyant sur ce fait que ce chiffre, adopté dès 1804, avait été maintenu jusqu'en 1816; — mais il se garda bien d'ajouter que, si, à cette époque, un navire anglais s'était avisé de vouloir profiter de la réduction des droits, il aurait été reçu avec les boulets rouges que l'on tenait en permanence sur tous les forts de la côte.

Cette proposition du président fut aussi vivement combattue que celle de M. J. Lebeau, et un membre fit sagement observer que, si ces demandes de réduction avaient pour motif réel l'insuffisance de la production, la première chose à faire était de lever toutes les entraves, de donner à la pêche française toute la liberté dont elle avait besoin pour produire davantage, et d'attendre le résultat de cette expérience logique avant d'en venir au moyen extrême d'ouvrir notre marché aux produits de la pêche étrangère.

Enfin, et pour résumer cette longue discussion, malgré l'éloquence de M. J. Lebeau, malgré les arguments du président, la commission maintint les conclusions de son rapport, c'est-à-dire la réduction du droit d'entrée à 30 francs comme devant être encore prohibitif; et, comme alors, et par le fait même de la discussion, la Chambre avoir pu voir clairement les tendances et les intentions des auteurs des propositions, il en résulta que la réduction à 15 francs, proposée par M. J. Lebeau, fut votée par M. J. Lebeau tout seul;

Que la réduction à 20 francs, proposée par le président de la Chambre, obtint deux voix, celles de M. J. Lebeau et celle du président lui-même;

Que la réduction à 30 francs, proposée par la commission, obtint l'unanimité, moins une voix : celle de l'armateur de pêche qui persistait à demander le maintien du droit à 40 francs.

La Chambre, par un dernier vote, admit que le droit de 40 francs devait être maintenu sur le poisson frais.

La Chambre, par cette délibération, venait de condamner les tendances exagérées de deux de ses membres; elle venait en même temps de réduire à néant toutes les insinuations menaçantes que l'on avait antérieurement adressées en son nom au Comité des armateurs de pêche; mais elle venait en même temps de commettre deux fautes qu'il importe de faire remarquer.

Sans doute, elle venait de voter un droit d'entrée qui était à ses propres yeux encore prohibitif et qui pouvait sauvegarder encore les intérêts de la pêche; mais en même temps elle venait de proclamer le principe de la réduction des droits et elle n'avait pas pressenti que c'était une concession éminemment dangereuse et dont, tôt ou tard, on devait tirer parti, parce que ce principe de réduction se trouvait posé par la Chambre de commerce qui représente le port le plus important du littoral de France pour la salaison du hareng, puisqu'à lui seul il produit autant et même plus que tous les autres ports réunis.

En second lieu, la délibération de la Chambre n'était ni logique ni boulonnaise.

Elle n'était pas logique, parce que, si elle voulait adopter la réduction des droits dans l'intérêt de la consommation, elle devait l'étendre également au poisson frais et surtout au poisson commun qui est, comme le hareng salé, la nourriture secondaire et accidentelle des classes nécessiteuses.

Elle n'était pas boulonnaise, parce que la pêche du hareng, étant la plus importante et la plus lucrative au port de Boulogne, on admettait une réduction sur cette partie, tandis que l'on maintenait les droits sur les produits de la marée fraîche, qui n'est ici qu'un accessoire, et qu'ainsi on sacrifiait les intérêts du port de Boulogne en protégeant ceux des autres ports qui lui font concurrence.

Après cette délibération de la Chambre, la question resta suspendue pendant près de deux années. Le traité de commerce conclu avec l'Angleterre, en janvier 1860, n'avait pas compris les produits de la pêche dans la nomenclature des objets admis à l'importation, et l'industrie de la pêche continuait à avoir toute confiance dans son avenir, lorsque tout à coup, et au moment où l'on devait le moins s'y attendre, en mars 1860, le maire de Boulogne, qui avait échoué dans les propositions qu'il avait soutenues ou présentées à la Chambre de commerce en 1858, mais qui venait d'ajouter à tous ses titres celui de président de la Société d'agriculture, saisit l'occasion de l'installation de cette société reconstituée sur de nouvelles bases, et crut devoir à son tour ressusciter cette question déjà presque oubliée en prononçant un discours dans lequel se trouve le passage suivant :

« Ne voyons-nous pas ici des esprits étroits et prévenus « demander le maintien d'une législation qui prohibe « l'entrée du poisson de pêche étrangère, sous le vain « prétexte de l'intérêt des classes maritimes, mais dans « le but réel de maintenir le prix élevé du poisson dont « la valeur a plus que doublé dans les dernières années. »

Dans ce peu de mots, il y avait d'abord une insulte à ses administrés, qu'un maire n'a pas le droit d'attaquer d'une manière aussi inconvenante, parce qu'ils ne partagent pas ses opinions ; il y avait même insulte à la Chambre de commerce, qui avait cru devoir maintenir un droit encore prohibitif ; ensuite, il y avait contre ses adversaires une accusation de cupidité tendant à faire croire qu'ils voulaient sacrifier l'intérêt général au profit de leurs intérêts personnels ; enfin, il y avait une erreur plus ou moins volontaire, et qu'il est facile de rectifier par les statistiques officielles qu'il avait dans les mains, puisque, dans l'année 1828, le prix moyen du last de hareng était de 587 francs ; que, dans l'année 1858, il était de 674 francs, ce qui donne une augmentation seulement de 87 francs, et que, dans l'année 1859, ce prix moyen était descendu à 561 francs, ce qui présente une diminution de 26 francs sur l'année 1828.

En présence de ces chiffres, que deviennent les assertions de M. le Maire, président de la Chambre de commerce et président de la Société d'agriculture?

Toutefois, le dénoûment approchait ; l'heure de la catastrophe allait sonner ! Un traité supplémentaire avait été signé le 16 novembre 1860, et le 30 du même mois un décret admettait l'importation du poisson de pêche étrangère, frais, salé ou fumé, au droit de 10 francs des 100 kilogrammes, précisément comme M. J. Lebeau l'avait demandé dans son mémoire du 6 avril 1857.

Ici, surgit d'elle-même une observation qui n'a pas besoin de développement.

La Chambre de commerce de Boulogne, représentant le port le plus important de toute la France au point de vue de la pêche côtière, avait admis le principe de réduction, et n'avait discuté que le chiffre de cette réduction ; un homme, simple marchand saleur, il est vrai, mais qui se posait et que la Chambre laissait se poser comme le plus, voire même comme le seul apte à élucider cette question qu'il avait soulevée lui-même, avait, en se targuant d'études approfondies et de documents qu'il déclarait de la dernière précision, présenté, développé, soutenu une proposition tendant à réduire les droits d'entrée à 10 fr. par 100 kilogrammes ; cet homme se présentait comme entraîné par son dévouement à l'intérêt général, et accusait hautement ses adversaires de ne suivre que l'impulsion d'intérêts mesquins et particuliers; le maire de Boulogne agissant comme président soit de la Chambre, soit de la Société d'agriculture appuyait ostensiblement les propositions de ce marchand saleur, et déclarait lui même que la pêche n'aurait pas à souffrir de la réduction des droits. Que devait penser le Gouvernement? que devait faire le Ministre du commerce ? Ne devait-il pas, dans ces assertions appuyées par la position officielle des hommes qui les mettaient en avant, voir la véritable émanation de l'opinion publique, et ne devait-il pas alors agir comme il l'a fait? Si une faute a été commise, et si cette faute a les conséquences fatales qui doivent nécessairement en découler, sur qui doit en peser la responsabilité ? Est-ce sur le Ministre dont la religion a pu être surprise par des renseignements erronés, et n'est-ce pas plutôt sur ceux-là mêmes qui ont fourni ces renseignements ? Ces questions se résolvent d'elles-mêmes. — Aussi doit-on conserver l'espoir et la conviction que quand l'expérience sera venue lui démontrer l'erreur dans laquelle on l'a entraîné, le Ministre du commerce se fera, avec empressement, un devoir de revendiquer le bénéfice de l'article 21 du traité de janvier 1860 pour faire reviser et modifier dans de larges proportions un tarif qui doit amener la ruine d'une des plus belles et sans contredit de la plus utile de toutes nos industries.

Toutefois, le décret était promulgué ; le traité était devenu bi-latéral par les signatures des deux souverains, et dès lors il avait force de loi entre les deux nations.

Les armateurs de pêche voyant enlever ainsi tout à coup les priviléges séculaires qui avaient été accordés aux marins en échange des sacrifices énormes et perpétuels que la loi leur impose, avaient rédigé une pétition qui fut couverte de signatures, remise à S. M. l'Impératrice qui voulut bien l'accepter à son passage à Boulogne, et accueillie par l'Empereur avec une si bienveillante sollicitude qu'il daigna la communiquer lui-même au Conseil des Ministres en la recommandant à leur plus sérieuse attention.

Cette pétition demandait des compensations. Elle demandait les moyens de soutenir autant que possible la concurrence qui était imposée; elle demandait pour la pêche française une assimilation complète à celle d'Angleterre; elle réclamait pour la pêche la liberté pleine et entière, la liberté que la loi accorde à toutes les autres industries.

Le port de Dieppe, comprenant la situation comme les armateurs de pêche de Boulogne l'avaient comprise, avait de son côté rédigé une pétition dans le même sens. Il avait réclamé les mêmes concessions, revendiqué les mêmes droits; seulement, au lieu de s'adresser directement à l'Empereur, il avait présenté sa demande au Ministre de la marine.

Ce sont ces pétitions qui ont amené les concessions et les libertés provisoires que l'on accorde en ce moment; ce sont elles qui amèneront la révision complète de la législation jusqu'alors en vigueur et qui feront, on l'espère du moins, accorder aux marins la liberté industrielle réclamée depuis si longtemps.

Mais dans la pétition de Boulogne se trouvait un mot que l'on chercha à incriminer pour tâcher de semer la zizanie entre les marins et les armateurs de pêche, et de faire remonter jusqu'à ces derniers la responsabilité rétroactive d'un fait contre lequel ils avaient, même avant sa réalisation, protesté avec la plus persévérante énergie. C'était une manœuvre qui n'était pas marquée au coin de la plus stricte loyauté, mais qui pouvait avoir pour résultat de couvrir les fautes personnelles en les faisant retomber sur ceux-là mêmes qui avaient fait tous leurs efforts pour les empêcher. On accusa les armateurs de pêche d'avoir accueilli favorablement le décret, et pour justifier cette imputation, on affectait une fausse interprétation, et on feignait de ne pas comprendre d'abord que la pétition n'arrivait qu'après le décret, et ensuite qu'en s'adressant à une tête couronnée, il y a des formes de langage auxquelles on ne peut pas se soustraire, et qu'au résumé, en parlant du décret, les mots « ils l'acceptent, parce qu'il « émane de votre pouvoir souverain » étaient des expressions diplomatiquement officielles qui signifient tout simplement : « ils l'acceptent, parce qu'ils ne peuvent pas « faire autrement. »

Quelques temps après, des pétitions parties de plusieurs ports arrivèrent au Sénat dont on sollicitait l'intervention en faveur d'une industrie nationale atteinte dans les sources mêmes de son existence. Des discussions brillantes eurent lieu à cette occasion : les amiraux attaquèrent le traité avec une vigueur qui prouvait l'énergie de leur conviction ; les organes du gouvernement le défendirent avec une chaleur qui démontrait l'importance que l'on attachait à le justifier; on fit assaut d'éloquence, et, en fin de compte, le Sénat, usant des seuls pouvoirs que la constitution lui accorde, renvoya les pétitions aux trois Ministres de la marine, du commerce et des affaires étrangères.

Quelques jours après parut le traité de commerce avec la Belgique, qui stipule les mêmes conditions et le *même tarif*, et auquel on ne prêta pas une attention assez sérieuse. On avait les yeux toujours fixés sur l'importation anglaise, et la pensée se portant sur un seul point, parce qu'il était le plus dangereux, on n'attacha pas assez d'importance à la concurrence qui allait s'ouvrir en marée fraîche, au détriment encore de notre pêche et au profit de celle de la Belgique, qui compte de nombreux pêcheurs et qui ne trouvait pas pour ses produits un écoulement suffisant et rémunérateur dans sa population restreinte.

La promulgation de ce nouveau traité avait mis un terme au moins momentané à toutes les discussions, et on pensait que la question allait rester suspendue jusqu'au jour où l'expérience, même d'une seule saison, serait venue apporter des armes nouvelles pour recommencer la lutte, lorsque tout à coup le bruit se répandit que, sous date du mois du juin, M. J. Lebeau, qui se fatiguait sans doute du long silence auquel il avait été condamné depuis 1858, venait d'adresser au Ministre du commerce un mémoire tout opposé à ceux qu'il avait présentés antérieurement sur la réduction des droits.

Etait-ce un remords de conscience? on était en droit de le supposer. Etait-ce le résultat d'une contre-enquête demandée par le Ministre du commerce, à qui on attribuait l'intention d'entrer en pourparlers relativement à une révision du traité? Quelques personnes le croyaient, et on le leur laissait croire pour se donner plus d'importance. Mais de ces deux suppositions pas une n'avait même effleuré la vérité qu'il importe de faire connaître d'une manière nette et précise.

Dans tous les conflits qui venaient d'avoir lieu, n'ayant pas trouvé moyen d'intervenir, parce qu'il n'avait aucun titre pour entrer en lice, M. J. Lebeau était resté dans une position complétement annihilée, dont il voulait sortir à tout prix, et ce n'était pas chose facile, puisqu'on le laissait à l'écart et que personne ne lui demandait rien. Il eut alors recours aux grands moyens, et un beau jour il alla se poser et faire la roue dans les bureaux du ministère du commerce. Là, et sous prétexte d'une communication importante, il obtint une audience, dans laquelle il *offrit* au Ministre de lui rédiger un nouveau mémoire que, même par simple politesse, le Ministre ne pouvait pas se dispenser d'accepter.

Cependant en ville on se préoccupait un peu du mystère dont M. J. Lebeau paraissait vouloir s'entourer en ne publiant pas ses nouvelles opinions. On s'étonnait qu'il cherchât à traiter sous le voile du secret une question d'intérêt public ; mais on apprit bientôt qu'indépendamment de l'exemplaire adressé au Ministre, M. J. Lebeau en avait distribué à ses intimes une douzaine de copies, avec la sage précaution de leur recommander le plus profond secret : de telle sorte que douze secrets de cette espèce devaient nécessairement produire la publicité que l'on voulait éviter.

Pour quiconque a pu lire ce nouveau Mémoire, résulte la conviction que M. J. Lebeau avait bien fait de chercher à couvrir d'un voile épais cette pauvre production ; car si, d'un côté, il a continué à montrer la même petitesse d'esprit en renouvelant ses mesquines récriminations et en semant ses assertions diffamatoires dans un écrit qu'il croyait être clandestin, de l'autre, il a fait voir jusqu'où peuvent aller les désaveux et les rétractations d'un homme, quand il s'aperçoit que, par suite de ses assertions précédentes, il a compromis ses propres intérêts. Or, dans le nouveau mémoire, ce ne sont pas les intérêts de la pêche qu'il vient défendre, ce sont les siens ; ce n'est pas en faveur de la marine qu'il vient plaider, c'est en faveur de son industrie personnelle; et, pour en avoir la preuve, il suffit de le suivre pas à pas dans ses arguments et dans les moyens qu'il emploie pour arriver à son but, en ayant soin de les comparer à ce qu'il a écrit dans ses lettres et ses mémoires antérieurs, ce qui donnera encore lieu à quelques commentaires indispensables.

M. J. Lebeau commence par se poser devant le Ministre comme l'homme qui, par sa longue expérience, est le plus capable de guider le Gouvernement dans la question de la réduction des droits sur le poisson de pêche étrangère.

Pour tâcher de démontrer que l'on doit accepter sans contestation les nouvelles propositions qu'il va faire, il croit se concilier la bienveillance en déclarant que c'est lui qui le premier a proposé la réduction à 10 francs, avec le double décime ; seulement il avance un fait qui s'écarte un peu de la vérité, en prétendant qu'il n'a traité cette question que « sur l'invitation de la Chambre, » puisque, par sa lettre du 28 février 1857, il est bien et dûment constaté que c'est de son propre mouvement et par sa seule inspiration qu'il a soulevé la question de réduction, en discutant un rapport de M. Garnault sur la supériorité de la salaison anglaise. Et ici, il serait peut-être rationnel de supposer que M. J. Lebeau, froissé dans son amour-propre de marchand saleur, n'a proposé l'introduction que par fanfaronnade, pour jeter un défi à ses concurrents d'outre-mer, et prouver que ses produits ne craignaient pas la comparaison avec ceux d'Angleterre. S'il en était ainsi, il faudrait convenir que la vanité de certains individus peut quelquefois avoir de bien terribles conséquences!

Il persiste à dire qu'il a proposé la réduction des droits à 10 francs, parce que, dans son opinion, cette réduction pouvait avoir lieu « sans danger pour la pêche et son « avenir; » et on verra bientôt ce qu'il pense, aujourd'hui que la réduction atteint non-seulement la pêche, mais encore le saleur dans ses produits de fumigation.

Il maintient cet étrange paradoxe, que c'est un malheur pour le marin quand il vend le hareng trop cher parce qu'il est exposé à le vendre meilleur marché l'année suivante.

Connaissant la vraie position des armateurs de pêche telle qu'elle a été exposée plus haut, il persiste à déclarer et à soutenir que les armateurs de pêche n'ont aucun intérêt dans les armements, et qu'ils ne font des avances aux marins que « dans les moments malheureux « pour suppléer à l'insuffisance des produits. »

« Il a la bonté d'affirmer que le marin est trop soigneux « de ses intérêts pour se laisser exploiter » et il soutient que seulement pour tenir les comptes des bateaux, vendre à la criée à ses risques et périls, et faire au marin l'avance immédiate du montant de ces ventes, les armateurs de pêche perçoivent un droit de 5 p. 0/0, ce qui serait une véritable exploitation, une exaction caractérisée.

Il soutient que la réduction des droits, en établissant la concurrence, tournera au profit de la pêche, et il le prouve par cette incroyable assertion que c'est à sa proposition que l'on doit les progrès que la pêche a réalisés depuis quelques années.

Il va plus loin encore, et, ici, sous peine d'être taxé de mensonge, il faut citer textuellement ses paroles.

« C'est certainement une chose heureuse que l'aisance
« répandue dans la classe maritime, et nul plus que moi
« ne voit avec bonheur sa prospérité ; mais j'ai cru qu'il
« y avait dans l'excès de cette prospérité même un dan-
« ger pour les progrès à venir de la pêche. »

N'est-ce pas là dépasser toutes les limites du possible ? Il faut le lire pour le croire, et quand on a lu, on doute encore, car il est toujours pénible de constater l'aberration. Eh quoi ! après 40 ans de lutte et de travail, après avoir utilisé toutes ses forces, développé toutes ses ressources, la pêche est arrivée à une situation prospère, et on signale cette prospérité comme un danger, et on lui en fait un reproche ! Et de qui donc lui vient ce reproche ? d'un homme qui vit avec elle et par elle ; d'un homme qui lui-même travaille pour s'enrichir. La classe maritime est trop riche, et M. J. Lebeau lui en fait un crime, sous prétexte que cette richesse doit l'arrêter dans la voie du progrès. Et c'est un négociant qui vient déclarer que la fortune d'une industrie, comme celle d'une maison de commerce, peut nuire à l'accroissement des affaires. La classe maritime est trop riche ; mais c'est précisément cette richesse qui a développé l'industrie, qui a doublé l'importance des armements et quintuplé les produits ? La classe maritime est trop riche, et M. J. Lebeau ne trouve qu'un remède, c'est de la ruiner par la concurrence, pour qu'alors elle soit forcée de marcher dans la voie du progrès !

C'était sans doute pour cacher tant d'audace que l'on tenait à s'envelopper dans les voiles du secret.

M. J. Lebeau arrive enfin à la question de réduction des droits, et il déclare que la pêche de marée fraîche n'a rien à craindre de la concurrence, parce que le poisson frais, pour venir d'Angleterre, aurait à supporter trop de formalités, trop de frais et trop de lenteurs, et, dans sa haute sagacité, il ne voit pas que le traité belge a ouvert une autre frontière par laquelle tout le poisson de la Belgique et surtout de l'Escaut peut, à toute heure et presque sans augmentation de frais, venir inonder nos marchés de l'intérieur.

Modifiant toutes ses opinions précédentes, et on verra bientôt pourquoi, il reconnaît maintenant qu'avec le droit de 10 francs appliqué au hareng *la pêche locale va se trouver gravement compromise*, si on n'établit pas une distinction entre les différents degrés de préparation.

Il affirme que dans ses premières propositions du droit à 10 francs, il a toujours raisonné dans l'hypothèse de l'introduction du hareng au poids brut et en saumure, assertion qui se trouve positivement démentie par ses lettres des 6 avril et 1er octobre 1857, lettres dans lesquelles il a établi des calculs détaillés au poids *net* de 125 kilogrammes de poisson par baril. Du reste, cette hypothèse de l'introduction en saumure devait être inadmissible, même à ses propres yeux, car il devait savoir qu'en Angleterre, le hareng se sale à terre, et qu'il n'est mis en baril que repaqué et tout prêt pour la consommation.

Après avoir ensuite établi une foule de calculs nouveaux et qui sont plus ou moins intelligibles par leur diffusion et les commentaires qui les enveloppent, il arrive à demander le maintien du droit à 10 francs pour le hareng en saumure, l'augmentation du droit à 14 ou 15 francs pour le hareng repaqué, et l'augmentation à 25 ou 30 francs pour le hareng saur.

Ici se présentent deux questions : pourquoi, quand il a proposé la réduction des droits en s'appuyant, disait-il, et sur 20 ans d'expérience, et sur des renseignements de la dernière précision, et sur des études approfondies, M. J. Lebeau n'a-t-il pas présenté ces distinctions? Pourquoi les présente-t-il aujourd'hui?

A la première question, il faut répondre : C'est parce que M. J. Lebeau n'avait proposé l'introduction que pour le hareng salé; qu'alors, il lui importait peu que la pêche eût à supporter une concurrence dangereuse, et qu'il ne pensait pas que l'on étendrait la réduction au delà de sa demande.

A la seconde, il faut dire : c'est parce que, pour ce qui le regarde individuellement, pour ce qui touche à ses intérêts directs et personnels, M. J. Lebeau ne veut pas de concurrence.

Marchand saleur, tantôt en première, tantôt en seconde ligne, M. J. Lebeau, fait d'importantes affaires en hareng fumé. La fumigation du hareng est la branche la plus lucrative de son commerce de salaison, et il veut avant tout sauvegarder son industrie et ses bénéfices. La question de savoir si, pour se procurer du hareng disposé pour le saurissage, il serait obligé de recourir à la pêche française ou à l'importation, était pour lui secondaire ; ce qu'il voulait avant tout, c'était du hareng à meilleur marché pour ses préparations ; ce qu'il voulait, c'était faire et vendre une quantité plus considérable de harengs saurs et réaliser de plus beaux bénéfices. Que lui importait la pêche ? que lui importait la population maritime ? Il demandait le transit pour le hareng blanc, et il croyait se réserver tous les avantages du hareng saur.

Contrairement à ses prévisions, le gouvernement adopta dans toute leur extension les principes développés par M. J. Lebeau lui-même ; il adopta même le chiffre de 10 francs présenté par M. J. Lebeau, et pour rester en harmonie avec la demande qui n'avait établi aucune distinction, il appliqua la réduction sollicitée à toute espèce de poisson frais, salé, sec ou fumé.

Aujourd'hui, M. J. Lebeau, qui n'avait pas prévu cette conclusion, se trouve lésé dans son industrie, froissé dans propres intérêts, par suite de la proposition pour laquelle il a toujours revendiqué les honneurs de l'initiative ; il réclame contre des conséquences qu'il voulait attirer sur les autres et qu'il espérait écarter de lui ; mais M. J. Lebeau n'a pas le droit de se plaindre, il subit la loi du talion, et ce n'est que justice.

Au résumé, si M. J. Lebeau ne peut plus se livrer à la préparation du hareng saur, il peut s'en consoler, puisqu'il sera libre d'aller en acheter en Angleterre. Spéculateur avant tout, et dévoilant toute sa pensée, il montre le véritable but de ce dernier mémoire, et il précise la mesure d'intérêt qu'il porte à la pêche quand il écrit, en terminant, cette phrase caractéristique.

« Peu nous importe, au reste, que nous trouvions en « France ou en Angleterre le poisson que nous fournis- « sons à notre clientèle ? Nous n'avons même qu'à gagner « à voir s'étendre l'aliment de notre commerce. »

Avec de tels principes, on va loin dans les questions d'intérêt public et national.

A part les coups d'encensoir qu'il s'accorde en forme de péroraison, c'est par la phrase qui vient d'être citée que M. J. Lebeau a couronné son œuvre.

Là s'arrêtent ses exploits, là aussi commence la responsabilité qu'il a cherchée lui-même.

De l'exposé de tous ces faits, de l'analyse de toutes ces pièces authentiques résulte maintenant la preuve devenue incontestable que M. J. Lebeau, agissant seul, de son propre mouvement, sans y être incité, sans même avoir un motif plausible de le faire, a pris l'initiative de la proposition de réduction des droits et de l'introduction du poisson de pêche étrangère ;

Que M. J. Lebeau a, de lui-même, proposé cette réduction à 10 francs des 100 kilogrammes *net* du poisson ;

Que c'est à la suite de ces deux propositions que le traité de novembre 1860 a été conclu ;

Que si le Ministre a été induit en erreur par des renseignements inexacts, et que si les conséquences de ce fait doivent être aussi fatales qu'on le prévoit, c'est à l'auteur même que l'on doit en demander compte.

Sans aucun doute, M. J. Lebeau saura s'élever au-dessus de ces reproches et les dédaigner ; mais il n'en restera pas moins avéré que, soit par l'effet d'un calcul égoïste, soit par suite d'une ignorance et d'une ineptie inqualifiables, il a provoqué une mesure qui compromet l'avenir et l'existence de notre pêche nationale au profit de la pêche anglaise.

Aussi, la récompense à laquelle il a des droits ne peut-elle pas se faire longtemps attendre ; car, si, par un sentiment de juste reconnaissance, la corporation des poissonniers de la cité de Londres a cru devoir faire une ovation à M. Cobden pour le traité de 1860, elle doit maintenant, pour continuer à se montrer juste et reconnaissante, adresser une couronne de fleurs anglaises à M. J. Lebeau.

C. Verjux.

Août 1861.

Paris. — Imprimerie Paul Dupont,
rue de Grenelle-Saint-Honoré, 45.

www.ingramcontent.com/pod-product-compliance
Ingram Content Group UK Ltd.
Pitfield, Milton Keynes, MK11 3LW, UK
UKHW020451180726
13839UKWH00004B/1762

9 782329 339511